MEMOIRE

POUR la Dame RAPALLY, Demanderesse.

CONTRE le Sieur Rapally, Défendeur.

QUELQUE triste qu'il soit d'exposer aux yeux du Public les divisions qui troublent la paix d'un mariage, il est souvent indispensable qu'il en soit instruit.

La Dame Rapally exposée chaque jour aux outrages les plus sanglans, réduite à manquer des secours les plus necessaires, a mis en usage toutes les mesures que la douceur & la patience peuvent inspirer pour vaincre son mari, & pour éviter l'éclat d'une demande en separation de corps & d'habitation.

La haine, la tyrannie, la passion natale qui domine le sieur Rapally, les violences, les attentats à la vie ne permettoient pas de garder plus long-tems le silence. Comment continuer d'habiter avec un mari, avec lequel on est exposée à perir?

Le sieur Rapally cache sous des dehors imposteurs la fureur & l'inhumanité. Sombre, dissimulé, cruel par reflexion, il se compose dans le Public, il affecte dans ses discours une moderation que ses actions démentent. Jamais il ne s'est presenté de separation fondée sur des moyens aussi puissans. Les principes les plus austeres de cette matiere seront ceux que l'on adoptera pour la défense de la Dame Rapally; & il n'est aucun Jugement qui soit intervenu en pareil cas, parce qu'il n'y eut jamais de mari si cruel.

Cependant la Dame Rapally se seroit contentée d'avoir exposé ses plaintes à l'Audience; mais le Memoire que le sieur Rapally vient de répandre dans le Public, l'oblige d'en donner un de sa part.

FAIT.

Le 9 Septembre 1726. mariage des Sieur & Dame Rapally. Ce mariage fut contracté sous des auspices bien tristes.

Ce mariage fut l'ouvrage des Sieur & Dame Dupin, mere & beau-pere de la Dame Rapally.

Le sieur Rapally a pris naissance à Genes. Il est venu s'établir en France.

A

Il jouit d'une réputation de richesse qui malheureusement éblouit. Le sieur Dupin écouta les propositions de mariage qui lui furent faites, il donna 200000 liv. en dot à sa belle-fille. Ces 200000 liv. ont été fournis en une maison rue des Bons Enfans, louée 5000 liv. & en 100000 liv. de Contrats sur l'Hôtel de Ville.

La Dame Rapally restée en bas âge sans pere, qui en avoit retrouvé un dans le sieur Dupin à qui elle devoit son éducation, & une dot aussi genereuse que celle de 200000 liv. qu'il lui constituoit, n'eut pas la liberté du choix dans ce mariage. La Dame Rapally avoit à peine 16 ans. Elle voulut faire des representations & conjurer l'orage. Sa liberté fut captivée. On ne lui permit pas de se retirer dans un Couvent. Il s'agissoit d'être abandonnée totalement par le sieur Dupin, ou de consommer le sacrifice de sa volonté. La Dame Rapally victime infortunée fut traînée aux pieds des Autels. Ce funeste engagement ne fut pas suivi d'une seule lueur de felicité, à moins que le sieur Rapally ne compte parmi ses bonheurs celui de faire des malheureux. La Dame Rapally sentit dans l'instant tout le poids de ses malheurs. De-là le Procès qui a fait tant d'éclat.

La Dame Rapally demanda la nullité de son mariage, comme ayant été forcée. Si tout engagement est l'ouvrage de la volonté, à combien plus forte raison la liberté doit-elle presider à une union aussi sainte que le mariage? La Cause portée en l'Officialité de Paris, & plaidée solemnellement, Sentence intervint qui confirma le mariage. On pensa que toutes sortes de violences ne suffisoient pas pour ébranler un engagement aussi sacré. Qu'il falloit de ces violences capables d'abattre une ame ferme & constante. Que la crainte dont la Dame Rapally avoit été frapée, avoit été de perdre l'amitié de son beau-pere, la dot qu'il lui constituoit, & de se voir abandonnée de lui, crainte qui ne parut pas assez puissante; on redouta les consequences du prejugé dans une matiere aussi importante pour l'ordre de la Societé. On plaignit la Dame Rapally, on connut toute l'étendue de ses malheurs; mais on sacrifia à l'interêt public en la condamnant. Elle eut les regrets de ses Juges, lorsqu'elle ne put pas obtenir leurs suffrages. L'appel de la Sentence de l'Officialité de Paris fut porté en l'Officialité de Lyon. Là après une nouvelle Plaidoirie, intervint Sentence qui infirma celle de l'Officialité de Paris. La preuve de plusieurs des faits articulez par la Dame Rapally, fut admise.

Le sieur Rapally interjetta appel comme d'abus de cette Sentence. Les Conseils de la Dame Rapally ne crurent pas qu'elle dût se presenter sur cet appel comme d'abus. Elle se laissa conduire, & pour se soustraire à l'execution de l'Arrêt par défaut que le sieur Rapally alloit obtenir contr'elle, elle passa de Lyon à Chambery.

Il faut observer que pendant tout le cours du Procès la Dame Rapally s'étoit retirée à Paris dans l'interieur du Couvent des Dames Recollettes, & à Lyon dans l'interieur du Couvent des Dames Benedictines de l'Abbaye de Bly.

La Dame Rapally ayant quitté le Royaume, alla descendre à Chambery chez la Dame Dupin mere du sieur Dupin son beau-pere, & elle n'y resta que le tems necessaire pour obtenir la permission du Roy Victor de fe retirer dans l'interieur d'une Communauté. Cette permiſſion fut accordée, & la Dame Rapally entra dans l'interieur du Couvent des Dames Bernardines de Chambery.

Le fieur Rapally n'eut pas plutôt obtenu contre la Dame Rapally un Arrêt par défaut qui declaroit abuſive la Sentence de l'Officialité de Lyon, qu'il fongea à fuivre la Dame Rapally à Chambery. Mais pour n'être point reconnu dans ce voyage, il prit la forme d'un Abbé. Le fieur Rapally Treforier de France, le métamorphofa en Abbé. Il parut à Chambery fous le nom d'Abbé des Villes. Là il s'informa fans être con-nu de la Dame Rapally, il fe trouva pluſieurs fois à la Meſſe dans la mê-me Eglife où elle étoit. Il jouit du plaifir de voir & de n'être point vû. Il apprit avec fatisfaction, au moins pour la moitié de la nouvelle, que la Dame Rapally plainte par fes malheurs, tenòit une conduite qui lui me-ritoit l'eftime de tout ce qu'il y avoit de plus diftingüé.

Mais un accident imprévu troubla toute la fatisfaction du fieur Rapally, & lui fit prendre le parti de quitter Chambery. Le nom que le fieur Ra-pally avoit pris étoit celui de l'Abbé des Villes, & malheureufement il n'avoit pas prévû qu'il y avoit à Chambery un veritable Abbé des Villes.

Poton l'homme d'affaires du fieur Rapally qui étoit dans le fecret du déguifement, écrivoit à fon Maître à Chambery fous le nom de l'Abbé des Villes. Les Lettres de Poton furent remifes au véritable Abbé des Villes. Celui-ci ne fit pas grande attention à la premiere Lettre ; mais les Lettres de Poton fe multipliant, le véritable Abbé des Villes fut furpris du commerce de Lettres qui s'établiſſoit entre Poton qu'il ne connoiſſoit pas, & lui ; & encore plus qu'il lui parlât d'une femme, d'un Procès con-tr'elle, d'un Arrêt du Parlement, de Me Meny fon Procureur, d'une maifon ruc des Bons Enfans, de rentes fur l'Hôtel de Ville. Il étoit auſſi parlé dans ces Lettres d'un commerce à Cadix; d'envois de Marchandi-fes, cloux dorez, chapeaux, émails, cire d'Efpagne, & autres merceries, & de connoiſſemens de ces marchandifes. Le véritable Abbé des Villes rendit publiques les Lettres qu'il avoit reçues, afin de découvrir à qui elles s'adreſſoient véritablement. La Dame Rapally fut inftruite de l'avanture, & elle en donna la clef dès qu'elle vit le nom du fidele Poton. Elle fe douta que le fieur Rapally avoit pris la forme & le nom d'Abbé, & on décou-vrit l'Hôtellerie où il logeòit. Mais dès que le fieur Rapally fe vit recon-nu, il partit, & il alla à Genes où il joua une autre comedie.

D'abord le fieur Rapally écrivit plufieurs Lettres à la Dame Comteſſe d'Hyenne, Dame auſſi diftinguée par fa vertu que par fa haute naiſſance. Cette Dame avoit accordé fa protection & fon amitié à la Dame Rapal-ly. Le fieur Rapally n'oublia rien pour faire perdre ces avantages à la Dame fa femme. Le fieur Rapally n'écrivit pas en fon nom ; il prit celui du Marquis d'Audifredy. On rapporte les Lettres qui font, à ce qu'on prétend, de l'écriture du fieur Rapally, fait dont il feroit facile de fe convaincre.

Le fieur Rapally voulut enfuite éprouver fi la Dame Rapally auroit du goût pour la qualité de veuve, il fit écrire de toutes parts, & il fit mettre dans les nouvelles publiques qu'il avoit été attaqué à Venife d'une fluxion de poitrine ; on détailloit fa maladie, & l'on marquoit fa mort & le jour.

Bientôt la nouvelle fut publique à Chambery. On a une infinité de Lettres de personnes de la plus grande naissance qui marquoient cette mort.

Mais comme la Dame Rapally ne s'étoit point encore accoutumée à regarder le sieur Rapally comme son mari, que l'Arrêt obtenu par le sieur Rapally, qui confirmoit le mariage, n'étoit que par défaut, elle ne changea pas de langage. Ainsi l'attente du sieur Rapally fut trompée.

Cependant déja depuis plusieurs mois la nouvelle de la mort du sieur Rapally étoit publique à Paris, l'on demandoit de toutes parts la confiscation de ses biens, & c'étoit des personnes de consideration. Le sieur Germain, Contrôleur des Rentes, oncle & tuteur de la Dame Rapally, homme d'une probité connue, & que le sieur Rapally a indecemment fait traiter à l'Audience d'homme de paille, crut devoir faire apposer le Scellé pour la conservation des droits de sa pupille; & ce qui est à remarquer, ce Scellé ne fut point apposé pour la conservation des droits d'une veuve, pour son douaire, pour la donation portée par le contrat de mariage & pour la communauté; le Scellé n'eut pour objet que la conservation de la dot, & il fut declaré que la Dame Rapally qualifiée fille entendoit se pourvoir contre l'Arrest par défaut qui avoit confirmé son mariage.

Lorsque le Commissaire se transporta pour apposer les Scellés, Poton se présenta; il s'opposa, soutenant que le sieur Rapally n'étoit pas mort; il représenta même quelques lettres, & un Acte qu'il disoit passé par le sieur Rapally à Genes; c'est ce qui a donné lieu à la saillie heureuse que le sieur Germain avoit preferé la Gazette qui publioit la mort du sieur Rapally, aux Actes qui prouvoient son existence. Il y eut un referé chez le Lieutenant Civil, & malheureusement pour le bon mot du sieur Rapally, ce Magistrat crut devoir ordonner l'apposition de Scellé, & par consequent il préfera la Gazette à l'Acte & aux lettres qui étoient rapportées par Poton. Les Scellez furent donc apposez; mais peu après le sieur Rapally parut. Dès que le sieur Germain fut instruit de l'arrivée du sieur Rapally, il fit signifier qu'il consentoit qu'il rompît lui-même les Scellez; mais le sieur Rapally ne se contenta pas de cette signification, il poursuivit le sieur Germain, & il obtint en Justice main-levée du Scellé, & 500 liv. de dommages & interests.

La Dame Rapally revint en France en 1730. elle demeura chez les Sieur & Dame Dupin, sa mere & son beau-pere. Pendant ce séjour elle se trouva engagée à presenter un enfant au Baptême; le sieur Rapally a levé cet Acte, dans lequel la Dame Rapally ne prend point la qualité de sa femme; mais l'on a vû que la Dame Rapally qui avoit réussi à Lyon sur la demande en nullité de son mariage, n'avoit été condamnée que par un Arrêt par défaut, contre lequel elle pouvoit se pourvoir. Depuis la Dame Rapally a fait le sacrifice de toute idée d'attaquer son mariage; elle s'est fait un devoir d'état d'aller demeurer avec le sieur Rapally. Une négociation a été entamée; le sieur Rapally a mal répondu à toutes les propositions; il ne s'est occupé que de procès contre les Sieur & Dame Dupin au sujet de la dot, & il a négligé tout ce qui regardoit le rétablissement de l'union entre lui & sa femme.

Mais la Dame Rapally résolue d'executer l'Arrêt qui confirmoit son mariage, forma le dessein de venir trouver le sieur Rapally pour demeurer avec

avec lui. Des réflexions sages sur son état, & sur les devoirs qu'il entraîne, réflexions fortifiées par de bons conseils, lui firent prendre ce parti, qui fut universellement applaudi. Les négociations avoient été infructueuses, par quelque main qu'elles eussent passé ; le sieur Rapally sembloit avoir entierement oublié sa femme.

Le 26 Septembre 1733. la Dame Rapally se transporte rue des Prouvaires ; elle demande le sieur Rapally, on lui indique son appartement au troisiéme : la Dame Rapally est reconnue, & on lui répond du quatriéme où demeure Poton que le sieur Rapally est absent. Bien des personnes ont prétendu que le sieur Rapally n'étoit parti pour Genes que depuis la demarche de sa femme. Il faut observer que les Conseils de la Dame Rapally n'avoient pas crû qu'elle dût être seule pour une demarche de cette qualité; elle étoit accompagnée de son Procureur, d'un Commissaire, & de sa Femme de Chambre. A l'égard des Archers dont on a fait plaider de la part du sieur Rapally, que la Dame son épouse étoit escortée, & qu'on ne parloit que de Serruriers pour enfoncer les portes, on renvoye au procès verbal qui a été dressé, & qui dément tous ces faits. On n'a sans doute placé les Archers que pour les appeller des *Anges de paix bien singuliers.*

On a encore trouvé mauvais de la part du sieur Rapally, que sa femme eût choisi le tems de son absence pour se présenter, pour se reconcilier avec lui, comme si le sieur Rapally voyagoit avec assez d'éclat pour qu'on fût instruit de son départ : & peut-être n'a-t'il disparu que parce sa femme se présentoit ; c'est encore ici une de ces scenes, que le sieur Rapally sçait si bien jouer.

Quoi qu'il en soit, il y eut un referé chez le Lieutenant Civil, qui de l'accord des Parties renvoya à l'Audience sur la demande de la Dame Rapally, afin d'être introduite dans la maison de son mari.

La Dame Rapally demanda une provision en attendant. Me de la Brosse fut chargé de sa défense ; personne ne se présenta de la part du sieur Rapally. Par Sentence par défaut du 2 Octobre 1733. il fut ordonné qu'on en viendroit après vacations, & cependant que la Dame Rapally seroit payée de 3000 liv. de provision.

Depuis la demande de la Dame Rapally, afin d'être reçûe dans la maison de son mari, fut renvoyée du Châtelet en la Cour, en vertu du committimus du sieur Rapally.

La Cour par Sentence contradictoire du 26 Octobre 1733. condamna le sieur Rapally à payer 300 liv. de provision par mois, à compter du jour de la demande jusqu'à son retour ; cette provision n'a jamais été payée, la Dame Rapally n'a même fait aucune poursuite pour s'en procurer le payement, tant elle avoit en horreur tout Acte d'hostilité dans le tems que ses démarches avoient pour objet une réunion si désirable.

Enfin l'on annonça par des procedures le retour du sieur Rapally à Paris.

La Dame Rapally voulut se présenter à lui de noùveau; elle alla le chercher dans sa maison rue des Prouvaires ; on lui apprit que le sieur Rapally dans le cœur de l'hyver n'habitoit plus Paris, qu'il s'étoit retiré à Passy. La Dame Rapally fut l'y chercher; elle le sçavoit environné de gens pernicieux, tels que Poton, qui n'étoient occupez qu'à entretenir la difcorde. Elle fe flattoit que fi elle pouvoit parvenir jufqu'au Sr Rapally, la réunion feroit plus facile; mais la maifon de Paffy fe trouva auffi inacceffible que celle de Paris. Tous les voifins déclarerent que le fieur Rapally y étoit, mais perfonne de la maifon ne répondit, dès qu'on vit que c'étoit la femme. La Dame Rapally fut donc obligée de revenir à Paris, après avoir conftaté par un procès verbal dreffé par le Commiffaire qui l'accompagnoit, les faits dont on vient de rendre compte. Le fieur Rapally ne répondit aux vifites que fa femme tentoit de lui faire, que par de la procedure; on vit paroître de fa part deux fignifications conçûes dans des termes qui ne laifferent point douter des motifs du refus du fieur Rapally de recevoir fa femme; il lui reprochoit une vie errante, & la conduite qu'elle avoit tenuë; le defir d'un retour auffi fubit, lui paroiffoit fufpect; il exigeoit un petit noviciat, il demandoit une retraite dans l'interieur d'un Monaftere pour le tranquilifer, ajoutant qu'il pourroit la voir à la grille, & qu'elle ne pourroit pas fortir fans fa permiffion par écrit.

Ces fignifications furent prifes pour un outrage. La Dame Rapally pourfuivit, & l'on étoit fur le point de plaider fur la queftion de fçavoir fi un mari eft obligé de recevoir fa femme, lorfque les Parties qui follicitoient réciproquement en la premiere Chambre de la Cour, où la caufe étoit pendante, fe trouverent chez un Magiftrat, que fes lumieres rendent encore plus refpectable que fa dignité. Ce Magiftrat profitant habilemenr du hazard, jetta quelques paroles de paix entre le mari & la femme; il trouva plus de difpofitions de la part de la femme que du mari; la négociation fut entamée, les Défenfeurs des Parties y prirent part; tout le monde fe fit gloire d'y concourir.

La paix fut concluë le 24 Janvier 1734. on convint d'une Requête en termes mefurez, par laquelle le fieur Rapally offroit de recevoir fur le champ la Dame fon époufe; en confequence il fut paffé Sentence le 25 Janvier 1734. qui donna acte au mari & à la femme, des offres de la part de la femme de retourner chez fon mari, & de la part du mari de la recevoir, & de la traiter maritalement. La Sentence fut exécutée le foir même; la Dame Rapally fut conduite chez le fieur Rapally par un des médiateurs; on ne peut affez louer la magnificence des Sieur & Dame Amyot, qui occupent le premier & le fecond appartement dans la maifon du fieur Rapally rue des Prouvaires. Ce furent eux qui donnerent un grand foupé, pour célebrer une réunion à laquelle ils avoient eu beaucoup de part. Ils voulurent bien auffi fe gêner & ceder une partie du fecond appartement pour la Dame Rapally. Ce fut auffi la Dame Amyot qui engagea le fieur Rapally à faire prefent de quelques habits, ou plûtôt ce fut la Dame Amyot qui prit fur elle de les lever; la corbeille qui les renfermoit, étoit chez la Dame Amyot.

Le fieur Rapally a trompé fon Défenfeur, quand il lui a fait plaider, que les jour de reconciliation avoient été précedés par des bijoux, & par des habits. Il faut retrancher abfolument les bijoux; il n'en a été donné aucun; c'eft un fait dont il y a autant de témoins qu'il y a eu de perfonnes qui ont affifté au foupé chez les Sieur & Dame Amyot; & à l'égard des habits, ils n'ont point précedé les jours de reconciliation; ils ont été donnés le jour de la nôce, ils étoient dans l'appartement de la Dame Amyot. Ce sont ces habits qui sont portés dans un état de dépense, dont on aura lieu de parler dans la suite, & que le sieur Rapally a voulu faire signer à sa femme.

A la dépense modique du sieur Rapally pour quelques habits, on peut opposer la jouissance de la dot depuis le mariage du 9 Septembre 1726. jusqu'au 25 Janvier 1734. qui est le jour celebre de la reconciliation. Cette jouissance de la dot forme un objet de 55000 liv. sur lesquels le sieur Rapally n'a jamais payé qu'une provision de 6000 liv. pendant le procès sur la validité du mariage.

Tant que les Sieur & Dame Rapally ont demeuré rue des Prouvaires, l'intelligence a regné. Etoit-ce dissimulation de la part du sieur Rapally? craignoit-il de se demasquer aux yeux des Sieur & Dame Amyot, qui regardoient la reconciliation comme leur ouvrage, & qui veilloient sans cesse pour empêcher qu'elle ne fût alterée. Combien de fois lorsqu'il s'est élevé quelque petit nuage, a-t-il été heureusement appaisé par les soins de la Dame Amyot? Mais le sieur Rapally quitta la maison rue des Prouvaires, il loua un appartement rue de Guenegaud, & il y entra au terme de Pâques 1734.

Ici la situation de la Dame Rapally va bien changer. Le sieur Rapally livré à lui-même, ne va être occupé que de la vengeance qu'il n'avoit dissimulée, que pour la mieux satisfaire.

Depuis le 28 Juin 1734 jusqu'au 21 Aoust, la Dame Rapally s'est vûe obligée de rendre sept plaintes, & il a fallu que le sieur Rapally se livrât aux excès les plus cruels, pour qu'elle pût se resoudre de paroître une seconde fois en Justice. Il ne s'agit point ici de ces mauvais traitemens ordinaires en matiere de séparation; il n'y a jamais eu de femme traitée aussi indignement & aussi cruellement. Les faits contenus dans les premieres plaintes ne sont que des coups d'essai du sieur Rapally; le fait du 21 Aoust 1734. est son chef-d'œuvre. Il faut rendre compte des differentes plaintes. On trouve dans les six premieres, un caractere noir, dissimulé, vindicatif, & cruel; le refus des alimens & du necessaire, des mépris, des injures, des outrages, & même des coups, tels qu'un soufflet.

Il faut examiner chacune de ces six plaintes qui ont esté rendues, & on sera surpis que la Dame Rapally ait été aussi patiente; le sieur Rapally devenu d'autant plus cruel que sa femme étoit plus moderée, s'est porté à des excès capables de la mettre au tombeau; devoit-elle les dissimuler? non sans doute; ces excès & ces mauvais traitemens ont donné lieu à la septiéme plainte de la Dame Rapally, & c'est alors qu'elle a formé la demande en separation de corps & d'habitation sur laquelle la Cour doit prononcer.

La premiere plainte rendue par la Dame Rapally est du 28 Juin 1734. Premiere Plainte. on y rapporte d'abord les faits du Mariage & de la reconciliation; il y est dit ensuite que le sieur Rapally reproche à sa femme *qu'elle doit s'estimer heureuse d'être nourrie & vêtue; qu'elle a été élevée par des gens de sac & de corde, qu'elle est d'une naissance méprisable.* Quels discours indignes, quels outrages! quelle est la femme qui les écouteroit de sang froid? le sieur Rapally accable sa femme de bien d'autres injures que la bienséance ne lui a pas permis de rapporter dans la Plainte, ainfi qu'elle le declare, mais dont les Témoins rendront compte.

Le fieur Rapally menace fa femme que fi elle va à la promenade, ou qu'elle veuille fe mettre fur le pied de frequenter quelques compagnies, il fe portera aux dernieres extremités.

Le fieur Rapally ayant foupé tête à tête avec fa femme, lui cherche querelle, il l'accable d'injures ; il finit en lui difant que pour lui marquer fon mépris il va coucher dans un lit de referve, & le lendemain il publie & fait publier par fon émiffaire Poton, que fa femme qui avoit foupé feule avec lui, avoit foupé en ville, qu'elle étoit rentrée à trois heures du matin, qu'elle avoit emporté les clefs de l'appartement, & qu'il avoit été obligé de coucher dans un lit de referve.

On prouvera ce bruit injurieux répandu par le Sr Rapally & par Poton, & que la Dame Rapally avoit foupé feule avec fon mari, que le fieur Rapally l'avoit attaquée pendant le foupé, qu'il avoit declaré que par mépris il alloit coucher feparément, & que la Dame Rapally s'étoit retirée dans fon appartement. Quelle noirceur dans le caractere & dans la conduite du fieur Rapally ? c'eft par une fuite de ce caractere que le fieur Rapally affecte devant le monde d'accabler fa femme de politeffe & d'amitié, ainfi qu'elle le declare, & qu'il referve les injures pour ces tête à tête funeftes ; & il ne faut pas que le fieur Rapally prétende que puifque fa femme fe plaint de fes politeffes exterieures, qu'elle l'accufe de l'accabler d'injures dès que le monde eft forti, on en doit tirer la confequence que fa femme ne prouvera point les mauvais traitemens dont elle fe plaint ; la Dame Rapally prouvera & le caractere diffimulé de fon mari, & fes mauvais traitemens ; elle prouvera fes politeffes affectées, & fes injures réelles ; la contrainte fe dément, & fur tout dans le domeftique. Le fieur Rapally fe fera contraint devant quelques perfonnes, il fe fera abandonné à lui-même devant d'autres, où il aura efté furpris entraîné par fon caractere ; voilà le moyen d'avoir fon portrait au naturel, & de le voir vindicatif, furieux, & diffimulé.

Enfin le fieur Rapally pour fatisfaire plus aifément fes fureurs, a congedié tous fes domeftiques comme eftans trop attachés à fa femme, il a fait venir un Commiffaire pour les expulfer ; tels font les faits de la premiere Plainte.

La feconde Plainte de la Dame Rapally eft du 9 Juillet 1734. le fieur Rapally lors de la reconciliation eftoit convenu de donner à fa femme une fomme modique de 100 livres par mois ; il avoit même fait efperer qu'il mettroit fa femme en eftat de fatisfaire avec honneur à quelques dettes qu'il eftoit impoffible qu'elle n'eût pas contractées pendant le tems que les époux n'avoient pas vêcu enfemble. Le fieur Rapally loin de faire honneur à fa parole, manque à payer la petite penfion de 100 livres.

Le 9 Juillet 1734. la Dame Rapally s'hazarde de faire des remontrances au Sr Rapally ; elle lui reprefente d'un côté que depuis quinze jours elle n'a point de domeftiques, d'un autre côté que les Ouvriers lui demandent leur payement, & qu'elle eft hors d'état de les fatisfaire, parce qu'il ne lui a pas payé la petite fomme de 100 livres, qu'il s'étoit engagé de lui fournir par mois ; le fieur Rapally eft fourd à toutes ces remontrances, & infidele à

fes

fes engagemens,quoique contractés bien folemnellement lors de la reconciliation.

Sur ces entrefaites le fils de Poton l'homme d'affaires du fieur Rapally, eftant entré dans le cabinet, & lui ayant apporté deux facs d'argent,
dont l'un paroiffoit eftre de 100 livres, la Dame Rapally qui avoit les befoins les plus preffans pour fatisfaire des Ouvriers, prend le fac qui lui paroiffoit eftre de 100 livres, pour fe remplir de fa petite penfion.

Auffi-tôt le fieur Rapally envoye chercher le Commiffaire, il rend
plainte contre fa femme au fujet du fac; il affecte de dire *qu'il ne fçait pas
ce que contient ce fac;* il ajoute que l'argent qui venoit de lui eftre apporté
par le fils de Poton *ne lui appartenoit pas,* a reprefenté (dit le fieur Rapally)
*qu'il ne convenoit pas de prendre de l'argent qui d'ailleurs ne lui appartenoit
pas,* & il reclame le fac.

La Dame Rapally repond à la Plainte de fon mari ; elle expofe natu-
rellement le fait comme il eftoit arrivé, elle reprefente le fac au Commiffaire, & il demeure pour conftant que c'eft un fac de 100 livres ; cependant combien de Témoins dépoferont que le fieur Rapally n'a pas craint
de dire que c'eftoit un fac de 1000 livres ? le Commiffaire après avoir exa-
miné le fac, crut devoir le remettre à la Dame Rapally.

La Dame Rapally ajoute que le fieur Rapally avoit voulu reprendre le
fac pendant le tems qu'il avoit envoyé chercher le Commiffaire par le fils
de Poton, qu'il l'avoit conduite de force dans la garde-robe de fon cabinet,
qu'il l'avoit jettée fur un coffre, que là il l'avoit maltraitée, & que fes cris &
l'arrivée du Commiffaire avoient fait ceffer ces mauvais traitemens.

Le fieur Rapally replique à fa femme, *qu'il n'a jamais eu de mauvaifes
manieres pour elle, qu'il lui a donné des marques de fon amitié, ainfi qu'il eft
prêt de prouver par Témoins & par écrit.* La Dame Rapally veut bien que
le fieur Rapally faffe entendre des Témoins pour fe juftifier, de même
qu'elle en fera entendre pour prouver les faits par elle articulés. La Cour
verra de quel côté eft la verité.

Le fieur Rapally dit qu'il n'a point commis de violence, qu'il n'a fait
que prier fa femme très-inftamment, qu'il ne l'a point pris au vifage ; ainfi
voilà le mari & la femme contraires en faits, ce qui met dans la neceffité
d'avoir recours aux témoins.

Pendant le temps que le fieur Rapally verbalifoit, arrive le fieur Poton
pere que le fieur Rapally avoit envoyé chercher : le fieur Poton fe prefente pour être partie dans le Procès verbal que dreffoit le Commiffaire ;
la qualité qu'il prend eft celle *d'ami du fieur Rapally.*

Il dit enfuite qu'il *eft furpris d'apprendre par un domeftique du fieur Rapally que fa femme s'eft approprié une partie de l'argent qu'il venoit d'envoyer
par fon fils pour le prier d'acquitter en fon abfence le 15 de ce mois une Lettre
de Change que lui Poton a acceptée, tirée de Rome par la veuve le Vieux
Jouailliere, à l'ordre de Jean Teffier, de 800 liv. provenans d'arrerages de
rentes qu'il fait recevoir à la Ville en qualité de Procureur de ladite Dame,
& requiert la reftitution du fac.*

Jufqu'ici Poton avoit paru comme l'homme d'affaire du fieur Rapally,
il change de qualité ; il eft fon ami, & c'eft en quelque forte le fieur

C

Rapally qui faifoit les affaires de Poton , puifque Poton , fi on l'en croit , envoyoit de l'argent au fieur Rapally pour acquitter une Lettre de Change tirée fur lui Poton.

Mais qui ne voit que c'eft ici un concert de fraude & de diffimulation ? quelle indignité de faire venir un Commiffaire , de rendre plainte contre fa femme pour un fait de cette qualité , & de vouloir donner une efpece de corps & de réalité à l'accufation en faifant paroître Poton qui vient reclamer comme à lui appartenant , un miferable fac de 100 livres qui appartenoit au fieur Rapally qui le devoit à fa femme. Que l'on réflechiffe bien fur la conduite du fieur Rapally & de Poton, & l'on ne pourra pas ne pas être indigné. Quoi , un monument chez un Commiffaire ! une accufation de vol ! voilà comme penfe le fieur Rapally dès qu'il s'agit du plus leger interêt.

Troifiéme
plainte.

La troifiéme plainte de la Dame Rapally eft du 10 Juillet 1734.

La Dame Rapally commence par fe plaindre de ce que fon mari a renvoyé tous fes domeftiques depuis le 25 Juin 1734. que du nombre des domeftiques qu'il a congedié étoit une femme de chambre qu'elle avoit depuis fix ans , qu'il l'a renvoyée fans fujet & avec fcandale par le miniftere d'un Commiffaire ; que le fieur Rapally en envoyant la femme de chambre , s'eft fait remettre les habits & linges à l'ufage de la Dame Rapally , qu'il a refufé de lui rendre enfuite , en lui difant que tout ce qui étoit chez lui étoit à lui & de fon argent.

Que la veritable raifon qui a porté le fieur Rapally à mettre tous fes domeftiques dehors par le miniftere d'un Commiffaire , ç'a été parce qu'ils paroiffoient attachés à la Dame Rapally , & fenfibles à fes malheurs.

Qu'à la place des domeftiques congediez il a pris une cuifiniere & un laquais aufquels il a défendu de fervir fa femme , qu'en vain elle s'en eft plainte , qu'il autorife leurs infolences.

Qu'il lui avoit donné un laquais à la place de celui qu'il avoit mis dehors ; mais que ce domeftique n'eft refté que 24 heures dans la maifon ; qu'actuellement elle n'a point de femme de chambre.

C'eft dans ces circonftances qu'étant tombée malade , fe trouvant fans femme de chambre , les domeftiques du fieur Rapally refufant de la fervir fuivant les ordres qu'ils avoient reçu de leur Maître , elle a été obligée un jour de medecine d'emprunter la femme de chambre d'une Dame de fes amies ; cette femme de chambre eft venue le matin , & elle eft reftée auprès d'elle jufqu'à midy ou une heure qu'elle eft retournée auprès de fa Maîtreffe.

Le fieur Rapally dont la fenêtre du cabinet donne fur l'efcalier , & qui obferve tout ce qui fe paffe dans la maifon , fort dès qu'il apperçoit cette femme de chambre , il la chaffe avec fcandale , & il lui défend de venir davantage dans fa maifon, il la menace de la frapper.

Quelque temps après arrive la Maîtreffe de la femme de chambre. La Dame Rapally fe croit en droit de retenir cette Dame à dîner , & comme c'étoit un Vendredy , elle envoye à la cuifine , & il ne s'agiffoit que d'un dîné très-frugal , d'un plat d'artichaux & d'un plat d'œufs. La cuifiniere va à l'ordre au fieur Rapally, il défend de faire le dîner ordonné par fa femme ; la réponfe eft rendue de fa part par la cuifiniere, & la journée fe paffe fans qu'il vienne voir fa femme incommodée, & fans qu'il envoye fçavoir de fes nouvelles.

Il eft ajouté dans la plainte que déja depuis trois jours le fieur Rapally a fait divorce avec fa femme, qu'il s'eft retiré dans fon cabinet où il fe fait fervir à manger avec Poton, qu'on fert à la Dame Rapally dans fon appartement, & que fouvent on ne lui prefente que les reftes de la table du fieur Rapally & de Poton.

En vain la Dame Rapally s'eft-elle prefentée au cabinet du fieur Rapally, & eft-elle parvenuë à lui reprefenter l'indécence qu'il y avoit dans une pareille conduite, & combien elle reffentoit vivement les mépris & les outrages qui lui étoient faits.

En vain comme on venoit de fervir le Sr Rapally dans fon cabinet où elle étoit, a-t-elle voulu fe mettre à table avec fon mary, le Sr Rapally s'eft levé de table brufquement, & il a mis fa femme dehors de fon cabinet ; cette femme a été obligée de fe retirer, en lui difant que puifque fa prefence lui déplaifoit, elle alloit attendre qu'on lui apportât à dîner dans fa chambre.

Sur les fix heures du foir la Dame Rapally eft encore venue trouver fon mari. Elle ne fouhaite rien tant que de l'appaifer ; fes remontrances font inutiles, elle eft accablée de nouvelles injures que la décence exige que l'on fupprime. Le fieur Rapally continue de fe faire fervir feparément, & le jour que fa femme étoit indifpofée, on a vû quel a été fon procedé.

Qui eft-ce qui peut refufer fon indignation à la conduite du fieur Rapally, & des éloges à la patience d'une femme qui met tout en ufage pour appaifer fon mari par fa douceur & par fa complaifance ? ces armes fi puiffantes fur tout autre font inutiles avec le fieur Rapally. Le 16 Juillet 1734. fe paffe une nouvelle fcene qui force la Dame Rapally de rendre une quatriéme plainte.

Le fieur Rapally fait avertir la Dame fon époufe de lui venir parler dans fon cabinet, elle y defcend ; le fieur Rapally lui prefente auffi-tôt un état écrit de lui, & au pied duquel étoit une quittance qu'il exigeoit qu'elle fignât ; la Dame Rapally prend l'état pour le lire, elle trouve que c'étoit un état des habits & de l'argent que le fieur Rapally prétendoit lui avoir fourni depuis fix mois, état que le fieur Rapally faifoit monter à 3818 liv.

Quatriéme plainte.

La Dame Rapally reconnoît le peu d'exactitude de cet état, & que c'étoit un piege qui lui étoit tendu, elle refufe de le figner. Inutilement la Dame Rapally veut-elle expliquer les caufes de fon refus, fon mary ne veut pas les écouter, il entre en fureur, il l'accable des injures les plus outrageantes, il veut arracher l'état des mains de la Dame Rapally, il déchire une partie du papier, & l'autre partie refte entre les mains de la Dame Rapally ; le fieur Rapally devenu plus furieux, donne un fouflet à la Dame Rapally qui s'échappe de fes mains, le cabinet étant ouvert. La Dame Rapally fera en état de prouver toutes ces violences, puifque la fcéne fit affez de bruit pour attirer du monde, & que le cabinet étant ouvert, on a été à portée de voir ce qui fe paffoit dedans.

Enfin le 30 Juillet 1734. il a été rendu deux plaintes qui font les 5 & 6.

Dans la cinquiéme, la Dame Rapally expofe qu'il y a déja trois fe-maines que le fieur Rapally a ceffé de manger avec elle, fans qu'elle lui en ait donné aucun fujet; elle rend compte enfuite d'un fait qui venoit d'arriver. A une heure & demie furprife qu'on ne lui fervît pas à dîner, quoi qu'on eût deffervi chez fon mari, dont on lui prefentoit ordinairement les reftes, elle avoit appellé des domeftiques, & elle avoit demandé pour-quoi on ne lui apportoit point à dîner; les domeftiques lui ayant répondu que cela leur étoit défendu, la Dame Rapally furprife de pareils ordres, defcendit à l'appartement de fon mari, ne pouvant fe perfuader que ces ordres fuffent veritables; mais le fieur Rapally enfermé dans fon Cabinet, ne jugea pas à propos de paroître; la Dame Rapally defcendit enfuite à la Cuifine pour fe fervir elle-même; mais les domeftiques qui avoient les ordres de leur Maître, eurent l'inhumanité de s'y oppofer, & de ne la pas fervir.

La Dame Rapally fe retira dans fa Chambre, comptant que le fieur Ra-pally changeroit de fentiment, & qu'il donneroit ordre qu'on lui fervît à dîner; mais après avoir attendu inutilement jufqu'à près de trois heures, elle crut qu'elle devoit conftater la cruauté de fon mari. Le Commiffaire fe tranfporta dans la maifon, & reçut fa plainte.

Le Commiffaire s'étant retiré après la plainte, & fans que le fieur Ra-pally fe fût prefenté, quoiqu'il fût enfermé dans fon Cabinet, la Dame Rapally pour reparer la fuppreffion du dîné, envoya fuivant le confeil même du Commiffaire, à une Auberge voifine; elle fe fervit du do-meftique d'une perfonne qui demeure dans la maifon, les domeftiques du fieur Rapally ayant refufé d'obéir. Le repas ordonné à l'Auberge étoit infiniment frugal, il confiftoit dans deux petits plats de maigre; l'on fut une heure à apporter ces deux plats; dès qu'on les apporta le fieur Rapally qui étoit enfermé dans fon Cabinet, & qui n'avoit pas paru lorf-que le Commiffaire étoit venu recevoir la plainte, fortit comme un fu-rieux, il s'oppofa au paffage de la domeftique de l'Auberge qui appor-toit le dîné, il voulut la renvoyer & la maltraiter. La Dame Rapally qui entendit le combat, parut fur l'efcalier, & dit au fieur Rapally, *que puifqu'il lui avoit refufé & fait refufer à dîner, il étoit extraordinaire qu'il voulût empêcher qu'elle en fît venir.* La domeftique de l'Auberge monta malgré la réfiftance du fieur Rapally, mais la Dame Rapally ne fe trouva pas plus avancée. La domeftique de l'Auberge avoit oublié d'ap-porter du pain; la Dame Rapally en demanda aux domeftiques du fieur Rapally, qui eurent l'inhumanité d'en refufer, à l'exception d'un qui ap-porta fon pain. Une Demoifelle de la maifon envoya une bouteille de vin; ce fut ainfi que la Dame Rapally parvint à dîner après plus de qua-tre heures après midy.

Tels font les faits des fix premieres plaintes: faits infiniment graves, faits capables de fonder une demande en feparation de corps & d'habita-tion. On voit d'un côté la tyrannie & l'inhumanité du fieur Rapally, & d'un autre côté la douceur & la moderation d'une femme qui cherche à vaincre fon mari par la patience; tant d'injures, tant d'outrages, tant de mepris, tant de mauvais traitemens qualifiez, le refus du neceffaire; tous

ces

ces faits avoient été oubliez. La Dame Rapally en avoit fait le facrifice; dans l'efperance d'être plus heureufe à l'avenir.

Elle fe trompoit. Des jours plus malheureux lui étoient encore réfervez ; & c'eft ici qu'il faut rendre compte de ce qui s'eft paffé le 21 Août 1734. jour que la Dame Rapally a été obligée de fe retirer de la maifon de fon mari, & de former la demande en feparation, fur laquelle la Cour doit prononcer.

Le 21 Août 1734. dans un temps que le fieur Rapally avoit ceffé de vivre dans fon particulier, que la table commune étoit retablie entre le mari & la femme, & que l'union paroiffoit affermie, la Dame Rapally defcend dans le cabinet de fon mari fur les dix heures & demie du matin ; il s'agiffoit d'obtenir de lui quelque argent. La Dame Rapally étoit preffée par deux Ouvriers, une Blanchiffeufe & un Cordonnier. La premiere étoit même dans la maifon, qui après plufieurs remifes demandoit de l'argent avec inftance. La Dame Rapally crut qu'elle obtiendroit ce qu'elle avoit à demander par des careffes.

Septiéme Plainte au fujet du fait du 21 Août 1714. qui a donné lieu à la Dame Rapally de quitter la maifon de fon mari, & de former fa demande en féparation de corps & d'habitation.

La Dame Rapally fit enfuite tomber la converfation fur fes befoins ; le vifage du fieur Rapally changea fubitement ; il ne s'agiffoit cependant que d'une fomme de cinquante livres pour le Cordonnier, & d'une fomme inferieure pour la Blanchiffeufe ; l'un & l'autre fut également refufé.

La Dame Rapally crut pouvoir infifter ; elle reprefenta à fon mari que le Cordonnier & la Blanchiffeufe ne vouloient plus la fervir, que même la Blanchiffeufe attendoit, & qu'elle craignoit de remonter dans fon appartement fans lui donner quelque argent.

Le fieur Rapally, loin de fe laiffer flechir, entra en fureur ; il voulut mettre la Dame Rapally hors de fon cabinet, qui étoit demeuré ouvert. La Dame Rapally infiftant, le fieur Rapally l'accabla d'injures, & fe fervit de ces termes dont on eft en ufage de ne rapporter que la premiere lettre par refpect pour la Juftice. La Dame Rapally fe mit à pleurer. Le fieur Rapally encore plus furieux, s'emporta une feconde fois, & il fe fervit des mêmes injures, qui furent fuivies de coups de poing dans l'eftomach, & dont fa femme fut terraffée. La fcene entre le mari & la femme avoit déja fait du bruit dans la maifon ; les juremens du fieur Rapally, les pleurs de la femme les coups de poing, & la chûte de la femme avoient attiré du monde.

La Dame Rapally renverfée par terre, ne pouvoit pas fe relever ; elle prit fon mari par le bas de fa robbe de chambre pour s'aider : alors fon mari fe jetta fur elle, il la frappa des mains & des pieds ; il lui déchira fa garniture, & lui arracha les cheveux. Aux cris redoublez de la Dame Rapally accourut encore du monde, *& tous arracherent la Dame Rapally à demie morte d'entre les mains de fon mari* ; on aida à la relever, & on l'affit fur un fauteuil. Quelque temps après la Dame Rapally revint un peu de la fincope dans laquelle l'accablement & le faififfement l'avoient jettée ; elle voulut rendre compte de fes malheurs, elle fe plaignit d'une oppreffion de poitrine caufée par les coups de poing & de pied qu'elle avoit reçûs. Il lui prit un vomiffement de fang. A ce fpectacle tout le monde fe fentit ému, hors le fieur Rapally, qui plus furieux & hors de

D

lui-même ne cessa de l'accabler des injures les plus atroces.

Le premier vomissement fut suivi d'un nouveau, & le sieur Rapally imagina pour s'excuser que c'étoit la couleur du carreau qui teignoit les eaux que sa femme vomissoit. L'excuse étoit frivole, le sang sortoit avec trop d'abondance pour pouvoir s'y méprendre : une des personnes qui étoit presente ayant pris un linge, & l'ayant trempé dans les prétendues eaux qui étoient à terre, les présenta au sieur Rapally, & aux autres personnes qui étoient dans le cabinet; il ne fut que trop averé que c'étoit un vomissement de sang, qui par son abondance pouvoit être appellé une hémorragie. La Dame Rapally vomit de nouveau sur le carreau & sur des mouchoirs. Alors le sieur Rapally ne pouvant plus nier le vomissement de sang, se retrancha à dire *qu'il n'en étoit point la cause, & que sa femme ne pourroit pas prouver par témoins les coups de pied & de poing dans l'estomach dont elle se plaignoit.*

Deux heures ou environ s'étoient déja écoulées depuis dix heures & demie que la Dame Rapally étoit descenduë dans le cabinet de son mari.

Le sieur Rapally après l'avoir traitée de la façon la plus barbare, & l'avoir mise en danger de perdre la vie, ne cessoit encore devant tout le monde de l'accabler d'injures. La Dame Rapally rassembla le peu de forces qui lui restoit pour aller chercher chez le sieur Granier son Chirurgien les secours qui lui étoient necessaires.

La Dame Rapally soutenue de deux personnes monta à son appartement. Sur l'escalier le vomissement de sang la reprit. Arrivée à sa chambre elle vomit encore. On alla lui chercher un carrosse de place. Elle sortit avec la même robbe de chambre qui portoit les marques des mauvais traitemens qu'elle avoit essuyé.

Les personnes qui étoient dans le cabinet du sieur Rapally suivirent la Dame son épouse dans son appartement. Un Frotteur qui étoit dans l'appartement en fut si touché, qu'il se retira en témoignant son indignation contre le sieur Rapally.

La Dame Rapally après s'être reposée quelque tems, quitta une maison dans laquelle elle venoit d'être traitée si cruellement. Elle fit un effort pour monter en carrosse, tout incommode que fût la voiture. Elle fut accompagnée du sieur son frere & d'une femme. Elle se fit conduire chez le sieur Granier Chirurgien, également distingué par sa capacité, & par sa haute probité.

En descendant de carrosse la Dame Rapally eut encore un vomissement de sang. Elle entra chez le sieur Granier qui n'y étoit pas, mais qu'on alla chercher. Dès qu'il fut arrivé il ne feignit point de dire à la Dame Rapally qu'elle étoit en danger, qu'il falloit la saigner du pied sur le champ, & qu'il falloit qu'elle se mît au lit. Les vomissemens de sang venoient de la fracture des vaisseaux qui rampent sur la surface de l'estomach, & d'un écart de la nature que le saisissement & les coups avoient causé dans une circonstance critique. Cette revulsion de la nature pouvoit seule causer la mort de la Dame Rapally, si le vomissement n'avoit suivi, & si les saignées réiterées, une du pied, & trois du bras, n'avoient rétabli le cours ordinaire de la nature. Il falloit encore songer à rétablir l'estomach revolté par les efforts qu'il avoit fait, & par la fracture de plusieurs vaisseaux causée par les coups du sieur Rapally.

Le sieur Granier voulut engager la Dame Rapally à accepter un lit dans sa maison. Le conseil étoit sage. La Dame Rapally resta près de deux heures chez le sieur Granier. Elle y prit un bouillon, & ensuite elle voulut faire un effort pour aller chez Mᵉ de la Brosse son Avocat dont le conseil lui étoit necessaire, & en même tems elle passa chez Mᵉ le Comte Commissaire; son intention étoit de rendre plainte. Elle se trouva si foible qu'elle ne put pas rendre sa plainte sur le champ; le Commissaire, suivant l'usage, lui donna datte. La Dame Rapally se retira, & elle alla chez Mᵉ de la Brosse. Là le vomissement de sang la reprit, & l'on fut obligé d'envoyer chercher un Medecin & un Chirurgien; ils penserent qu'il n'y avoit pas un moment à perdre pour saigner la Dame Rapally. Elle se vit forcée d'accepter un lit que les Sieur & Dame de la Brosse lui offrirent.

Le même jour 21 Aoust 1734. la Dame Rapally presenta Requeste au Lieutenant Civil, dans laquelle elle reprit en abregé les faits dont on a rendu compte: elle concluoit à la separation de corps & d'habitation. Le Lieutenant Civil rendit son Ordonnance, par laquelle il nomma Desmarquets Procureur pour Curateur à la Dame Rapally, attendu sa minorité; il ordonna que le sieur Rapally seroit assigné dans le jour en l'Hôtel, à trois jours à l'Audience pour la provision, & dans les délais de l'Ordonnance sur le fond de la separation.

La Dame Rapally ne put pas faire usage sur le champ de cette Ordonnance, parce qu'elle n'étoit pas en état de pouvoir se transporter chez le Lieutenant Civil où elle devoit assigner son mari pour s'y trouver avec elle, l'usage du Châtelet étant, que les Parties se presentent devant le Magistrat auparavant que la demande en separation éclate.

Le 23 Aoust 1734. la Dame Rapally presenta une Requeste au Lieutenant Civil; elle demanda la permission de se faire visiter par les Medecins & par les Chirurgiens du Châtelet. Cette précaution étoit pour constater qu'elle étoit hors d'état de se transporter chez le Lieutenant Civil. Déja le sieur Lombart Chirurgien avoit dressé un rapport le 21 Aoust 1734. mais comme ce rapport n'étoit pas fait d'autorité de Justice, on demanda la permission d'en faire un autre, ce qui fut accordé & executé le 23 Aoust 1734. au soir en vertu d'une Ordonnance du même jour. Le sieur Rapally fut sommé de se trouver à cette visite, & il n'y parut pas.

Ces rapports ne constatent l'état de la Dame Rapally que par rapport à l'exterieur; la principale maladie venoit du vomissement de sang causé par la révolution qui s'étoit faite, & par les vaisseaux qui avoient été rompus. Le sieur Granier Chirurgien qui a conduit la Dame Rapally dans toute cette maladie, est celui qui sera le plus en état de rendre compte de la gravité de la maladie & de sa durée.

Le 26 Aoust 1734. la Dame Rapally ayant obtenu la permission des Medecins & des Chirurgiens de sortir le 30 Aoust pour se faire conduire chez le Lieutenant Civil, elle fit assigner le sieur Rapally pour se trouver de-

Procedure.

vant ce Magiftrat en execution de l'Ordonnance qu'elle avoit obtenuë le 21 Aouft 1734. & que fa maladie l'avoit empêché d'executer jufqu'alors.

En même tems la Dame Rapally, fans attendre la demande du fieur Rapally, ni qu'elle eût un appartement meublé, & une provifion accordée, fe retira dans l'interieur du Couvent des Dames de S. Michel. Il eft peu de femmes qui en ayent ufé ainfi, & qui ayent prévenu la demande de leur mari pour fe retirer au Couvent. Tant que la Dame Rapally a été chez les Dames de S. Michel, elle y a été malade. Le fieur Granier la venoit voir tous les jours. Elle y a été faignée, & elle y a fait les remedes qu'il lui prefcrivoit.

Le même jour 26 Aouft 1734. le fieur Rapally fit affigner la Dame Rapally en la Cour en vertu de fon Committimus, & il demanda qu'elle fût tenuë de fe retirer dans un Couvent.

Le 2 Septembre 1734. on vint plaider fur cette demande. Le Défenfeur de la Dame Rapally déclara qu'elle étoit dans l'interieur du Couvent des Dames Religieufes de S. Michel, qu'elle ne s'y étoit retirée qu'en attendant, & qu'elle s'en rapportoit à la Cour fur le choix du Couvent dans l'interieur duquel elle demeureroit. La Cour ordonna que la Dame Rapally fe retireroit dans le Couvent des Dames Cordelieres, Faubourg S. Germain, que le fieur Rapally lui payeroit 3000 liv. de penfion par an, pour elle & pour fa femme de chambre; & même fur ce que le fieur Rapally témoigna qu'il ne fouhaiteroit pas que fa femme eût pour femme de chambre Julie Jarillet que la Dame Rapally avoit eu pendant fix années, que le fieur Rapally avoit congediée, & avec qui il plaidoit pour le payement de fes gages, le Défenfeur de la Dame Rapally déclara ainfi que la Dame Rapally l'en avoit chargé, qu'elle n'entendoit point prendre cette femme de chambre dès que cela faifoit de la peine au fieur Rapally, & la Sentence prononça en confequence; enfin il fut dit que le fieur Rapally fourniroit à fa femme des meubles convenables pour meubler fon appartement dans le Couvent.

Dès le jour même de la Sentence, la Dame Rapally voulut l'executer, mais il ne fe trouva point d'appartement aux Dames Cordelieres. La Dame Rapally munie du Certificat de la Dame de Sallo Abbeffe, prefenta fa Requête à la Cour, & par Sentence du 3 Septembre 1734. il fut ordonné qu'elle fe retireroit aux Dames Recollettes rue du Bacq, où elle eft actuellement.

Depuis il eft furvenu quelques incidens qui ont été plaidez pendant les Vacations, ou qui font reftez indecis & qui ont été abandonnez.

Il a fallu plaider contre le fieur Rapally au fujet des meubles & de la batterie de cuisine, les Dames Recollettes ne voulant pas fe charger de la nourriture des Dames Penfionnaires qui font dans leur Maifon. Le fieur Rapally par Sentence du 5 Octobre 1728. a été condamné à payer 500 livres.

Lors de la plaidoirie d'un incident Me Ohanlon qui plaidoit pour le fieur Rapally, avança fur des Memoires qui lui avoient été fournis par fa Partie, que l'on avoit vû la Dame Rapally à la Foire de Befons. Me Gagnat Procureur de la Dame Rapally, qui plaidoit pour elle, demanda acte du fait, & foutint, comme il étoit vrai, que la Dame Rapally

pally étoit encore malade pour lors, & que c'étoit tellement une calomnie, qu'elle avoit été saignée & qu'elle n'étoit pas sortie le jour de la Foire de Besons. Voilà comme le sieur Rapally ne craint point d'en imposer à ses Juges & au Public.

Enfin un incident formé & abandonné par le sieur Rapally, c'est une demande à ce que la Dame sa femme ne pût pas sortir des Recollettes pour vaquer à ses affaires, sans être accompagnée d'une Tourriere surannée. Le sieur Rapally qui n'avoit suivi que son goût dans cette demande, a depuis déferé à des conseils sages & éclairez, qui lui ont fait entendre qu'on n'étoit pas accoutumé à de pareilles demandes dans les Tribunaux François.

C'est dans cet état que la Cause a été portée à l'Audience. La Dame Rapally a repris dans une Requête presentée à la Cour, tous les faits expliquez dans les sept plaintes qu'elle a renduës.

Il s'agit de statuer sur cette Requête, qui a pour objet, de la part de la Dame Rapally, d'être admise à la preuve des faits qu'elle contient.

Il ne faut pas oublier de rendre compte d'un fait dont le Sr Rapally a fait un grand étalage à l'Audience ; c'est le fait d'un Billet écrit, a-t-on dit, par la Dame Rapally à son mari neuf jours après la scéne du 21 Août 1734. *Que croiroit-on, vous a-t-on dit, que cette femme expirante par les mauvais traitemens de son mari, lui demande ? sont-ce des livres de pieté pour s'occuper de lectures sérieuses dans l'état mourant dans lequel elle est ?* On a tenu long tems les esprits en suspens ; on a même assuré le Public impatient qu'il ne devineroit jamais ce que la Dame Rapally, qui quelques jours auparavant avoit été foulée aux pieds par son mary, & qui se representoit en danger de mort, envoyoit chercher chez lui. Enfin on a tiré les esprits d'inquietude en apprenant que la Dame Rapally demandoit à son mari *sa basse-de-viole, des pieces de Marais, des Cantates de Campra, un Opera, & un Roman,* & voilà ce qu'on a appellé *la petite Piece après la tragédie. Qu'est-donc devenu cette poitrine martirisée il y a quelques jours, s'est-on écrié ? En verité c'est une illusion que de venir consommer tant d'Audiences, de les enlever à tant de malheureux qui gemissent, & de n'entretenir la Cour que de pareilles minuties.*

Le sieur Rapally est l'auteur de la petite piece qui a tant diverti le Public, & l'on va voir qu'elle ne roule que sur une infidelité de sa part ; son caractere ne sçait point se démentir. Le sieur Rapally a trompé jusqu'à son Défenseur. Il faut expliquer dans la verité le fait dont on a tant abusé. La Dame Rapally avoit une basse de-viole, des livres de musique, & un autre livre qui lui avoient été prêtez par le sieur Belot, ami du Sieur Rapally. Le sieur Belot voyant la demande en séparation formée, songea à retirer sa basse-de-viole, & les livres qui lui appartenoient. Le sieur Belot vint voir la Dame Rapally qui étoit malade au lit, & il lui proposa en presence de plusieurs personnes de signer un Billet qu'il écrivit sur le champ. La Dame Rapally ne crut pas devoir refuser sa signature pour procurer au sieur Belot la restitution de ce qui lui appartenoit. Voici comme est conçu ce Billet.

M. Rapally aura agréable de remettre à M. Belot une basse de viole, quatre Livres de pieces de Marais, un Livre de Cantates de Campra, un Opera, & un Livre de Nomancie. A Paris ce 30 Août 1734. signé Delorme-Rapally.

E

Le fieur Belot muni de ce billet, alla trouver le fieur Rapally, qui ne lui remit pas d'abord ce qu'il lui demandoit ; il fallut dix jours de négociation pour que le fieur Belot obtînt la reftitution.

Enfin le 9 ou le 10 Septembre le fieur Rapally fe determina à remettre au fieur Belot fa baffe de viole & fes Livres, mais ce fut avec la précaution de prendre de lui une quittance qui fut mife au pied du billet précedent. Il eft vrai que le fieur Rapally a jugé à propos de couper cette quittance,& de ne prefenter que le billet, afin de faire plaider que neuf jours après la fcene du 21 Août 1734. fa femme avoit envoyé chercher fa baffe de viole, & des Livres de Mufique.

Le Défenfeur de la Dame Rapally a voulu eftre inftruit de ces faits par le fieur Belot à qui ils font perfonnels ; & le fieur Belot, malgré les liaifons dans lefquelles il eft avec le fieur Rapally, n'a pas crû devoir fe refufer à l'éclaircieffement de la verité ; il eft venu chez le Défenfeur de la Dame Rapally, qui lui a reprefenté le billet du 30 Août 1734. qu'il avoit pris en communication. Le fieur Belot a reconnu que c'eftoit lui qui avoit écrit ce billet, il a rendu compte des circonftances dans lefquelles ce billet avoit efté figné, la Dame Rapally eftant malade au lit ; il a inftruit de la longue negociation auprès du fieur Rapally auparavant que d'avoir pû fe faire reftituer fa baffe de viole & fes livres, de la quittance qu'il avoit donnée au fieur Rapally au pied du billet, quittance que le fieur Rapally a coupé. Le fieur Belot a auffi declaré que depuis que fa baffe de viole & fes Livres lui avoient efté rendus par le fieur Rapally, il ne les avoit point preftés à la Dame Rapally.

Voilà le fait dont le fieur Rapally a diverti l'Audience en le traveftiffant & en le défigurant ; le billet du 30 Août 1734. eft accompagné dans le fac du Défenfeur du fieur Rapally, d'une note inftructive écrite par le fieur Rapally, & conçue en ces termes ; *Billet de la Dame Rapally, qu'elle a écrit à fon mari neuf jours après la fortie de fa maifon, & pendant qu'elle fe difoit malade au lit, par les maltraitemens de fon mari, elle envoye chercher fa baffe de viole, & plufieurs Livres de Mufique.*

Le Défenfeur du fieur Rapally, d'après cette inftruction, & ne foupçonnant pas d'infidelité, a crû ce fait propre à divertir, & à répandre du ridicule.

M O Y E N S.

Les féparations de corps & d'habitation font dans nos mœurs, ce que le divorce étoit chez les Romains.

Tout le monde fçait que le divorce qui étoit d'abord arbitraire, fut enfuite fixé & limité à certaines caufes ; ce furent les Empereurs Conftantin & Theodofe qui mirent un frein à l'inconftance & au caprice, en reglant & en déterminant les caufes qui pourroient autorifer le divorce ; c'eft ce qui fe voit dans la fameufe Loi *confenfu* 8. *Cod. de repudiis*, qui entre plufieurs caufes de divorce, met les mauvais traitemens du mari : *Confenfu licita matrimonia poffe contrahi, contracta nonnifi miffo repudio diffolvi præcipimus : folutio nam & enim matrimonii difficiliorem debere effe favor imperat liberorum ; caufas autem repudii hâc faluberrimâ lege apertius defignamus : ficut enim fine juftâ canfâ diffolvi matrimonia jufto limite prohibemus , ita adverfus neceffitate preffum vel preffam , quamvis infaufto , attamen neceffario auxilio cupimus liberari.* Les Empereurs rapportent enfuite les caufes de divorce , *fi fuæ vitæ veneno aut gladio , aut alio fimili modo infidiantem , fi fe verberibus quæ ingenuis aliena funt afficientem probaverit, tunc repudii auxilio uti neceffario ei permittimus libertatem & caufas diffidii legibus comprobare.* La Novelle **117**. cap. **9**. tient le même langage, & fuivant la Loi **4**. ff. de agnofc. liber. *necare videtur qui alimenta denegat.*

Dans nos mœurs nous avons adopté des principes auffi fages dictez par l'humanité. Le mariage forme une focieté , qui a pour terme la vie des conjoints ; mais cette focieté a fes Loix, qu'on ne peut pas violer impunément. Le mari eft le chef de la focieté , mais la femme eft une compagne.

Le mariage élevé à la dignité de Sacrement étant indiffoluble , fi le mari s'oublie jufqu'à porter une main cruelle fur fa femme , s'il a pour elle des procedez indignes , fi par des mepris , des injures , & des outrages il lui rend la vie un fupplice perpetuel , s'il lui refufe les chofes neceffaires à la vie fuivant fon état & fuivant fa condition, il eft jufte de priver ce mari barbare d'une focieté dont il ne connoît pas la douceur , & de le dépoüiller d'une autorité que la Loi ne lui a pas confiée pour en abufer , & pour faire de fa femme une efclave malheureufe. Les Romains ne fouffroient pas que les Maîtres abufaffent de leur autorité fur de vils efclaves ; ils les privoient de cette autorité dès qu'ils étoient convaincus d'en avoir fait un ufage illegitime , en forçant le Maître cruel de vendre fon efclave à un Maître plus doux , & fouvent même en l'obligeant de l'affranchir.

Nous rougirions fans doute de le ceder aux Romains , & de fouffrir que l'union toute fainte du mari & de la femme fût profanée par les violences & par les fureurs d'un mari ; que l'efpece d'autorité que la Loi confie au mari ne fervît pas au bonheur de la focieté. On ne fçauroit trop tôt rompre une focieté de malheurs & de perils pour la femme ; il faut arracher cette femme d'entre les mains d'un furieux , ainfi que l'a decidé le chap. Litteras **X**. de reftit. *Si tanta fit viri fævitia , ut mulieri trepidanti non poffit fufficiens fecuritas provideri , non folùm non debet illi reftitui , fed ab illo potiùs debet amoveri.*

En vain fait-on valoir pour les maris leur autorité , la fubordination des femmes, & l'indiffolubilité des liens facrez qui les uniffent. Les feparations, on en convient, font contre l'ordre du mariage , mais elles font neceffaires contre ceux qui ont violé cet ordre ; un mari qui a manqué contre l'honnêteté publique , n'a pas droit de la reclamer. Celui qui a peché contre les Loix de fon état, ne peut pas les oppofer à celle qui a été la victime de fes tranfgreffions.

Ainfi dès qu'un mari fe rend coupable de mauvais traitemens envers fa femme , la Juftice rompt une focieté dont il a violé les Loix , & elle prononce la feparation entre fa femme & lui.

Et il ne faut pas croire qu'on exige pour la feparation de ces mauvais traitemens , & de ces fevices qui confiftent à porter une main barbare fur une femme ; les perfonnes viles & abjectes font les feules à qui on puiffe faire un reproche auffi indigne ; elles feules connoiffent par le défaut d'éducation des procedez auffi bas ; mais pour les perfonnes d'un ordre plus diftingué, des mepris, des infultes, des outrages, font des mauvais traitemens réels mille fois plus cruels que des coups.

Ce n'eft que très-rarement qu'on a vû des demandes en feparation fondées fur des coups.

Dans les feparations de Mefdames de Pomereu, de Montandre, & de Sainte-Maur, les maris n'étoient point accufez de s'être livrez à de pareils excès, indignes de leur naiffance ; ces feparations ont cependant réüffi ; des mépris, des infultes, des contradictions, le refus des chofes neceffaires fuivant l'état & la condition des perfonnes, étoient les moyens propofez, dont la preuve a été admife, & qui dans l'évenement ont produit les feparations.

Si l'on veut des feparations dans le cas de maris qui fe foyent portez à l'excès de brutalité de frapper leurs femmes, en voici.

Le 10 Mai 1706. Arrêt rendu en la premiere Chambre des Enquêtes au rapport de M. Huguet. Dame Catherine Maffon, époufe du fieur de Saint-Phalle, reprochoit à fon mari de lui avoir donné deux coups de poing à deux reprifes, l'un fur la tête, l'autre dans l'eftomach : elle fe plaignoit auffi d'injures & de menaces de la part de fon mari. Elle fut admife à la preuve, malgré les efforts que fit fon mari ; & la preuve ayant été faite, la feparation fut prononcée par le premier Juge, & confirmée par la Cour.

Le 7 Juillet 1706. autre Arrêt rendu en la cinquiéme Chambre des Enquêtes au rapport de M. de Thuify. La femme du fieur Chaolaire s'étoit pourvuë en feparation. Sur fa demande le mari & la femme avoient paffé une Tranfaction ; le mari s'étoit obligé de payer une penfion à fa femme dans un Couvent où elle devoit fe retirer. Le mari ayant manqué de payer la penfion, la femme reprit fa demande en feparation, qui n'avoit été que fufpendue par la Tranfaction. De-là un incident pour fçavoir fi la femme pouvoit pourfuivre fur fa demande en feparation. Après un Arrêt qui jugea que la femme pouvoit reprendre fa demande en feparation, par l'inexecution de la Tranfaction de la part du mari, la femme pourfuivit fur fa demande en feparation. Les faits qu'elle articula, furent *qu'elle avoit été maltraitée, que fon mari l'avoit appellée B... & infâme, qu'il lui avoit donné de mauvais pain ; qu'étant malade, & le Medecin ayant dit au mari que la maladie de fa femme étoit caufée par fes chagrins, il avoit répondu, qu'elle creve fi elle veut.* La femme fut admife à la preuve de ces faits, elle les prouva ; la feparation fut prononcée par le premier Juge, & confirmée par la Cour.

En dernier lieu, on a vû la Dame de Chefdeville feparée d'avec fon mari, à caufe des procedez indignes qu'elle avoit effuyez, & des coups qu'elle avoit reçûs. Elle avoit rendu differentes Plaintes ; elle a été admife à la preuve de tous les faits contenus dans fes differentes Plaintes, la derniere ranimant les precedentes : & fur la preuve de tous ces faits, la feparation a été confirmée par Arrêt de la Cour.

C'eft en vain que le fieur Rapally reproche qu'on a raffemblé tous les
                                                                    exemples

exemples des femmes qui ont réuſſi dans leurs demandes en ſeparation ; on en raportera encore un qui eſt dans Boniface tom. 1. liv. 5. tit. 8. chap. 3. Il s'agiſſoit de ſçavoir, ſi la jalouſie étoit une cauſe de ſeparation. Le mari diſoit que la jalouſie part de l'amour ; mais on lui répondoit que quand la jalouſie eſt portée à l'extremité, qu'elle rend un mari capable de toutes ſortes d'excès, & que la femme n'eſt pas en ſureté de ſa vie, elle devenoit une cauſe de ſeparation. L'eſpece qui ſe preſentoit à juger au Parlement d'Aix, étoit d'un Provençal qui en ſe couchant mettoit un poignard ſous ſon chevet, & qui répandoit de la ſcieure de bois autour de ſon lit, pour pouvoir connoître ſi ſa femme ne ſe levoit pas d'auprès de lui pendant qu'il dormoit. Au moindre bruit que ce jaloux qui dormoit d'un ſommeil inquiet entendoit, il ſe mettoit en fureur, & il maltraitoit ſa femme. Ces faits articulez & prouvez, la ſeparation fut prononcée.

Ainſi toutes les fois que l'on a trouvé des mauvais traitemens qualifiez, la ſeparation a été prononcée en conſequence.

Mais auparavant que de prononcer la ſeparation, il y a un préliminaire indiſpenſable. Les maris ne conviennent jamais des mauvais traitemens dont ils ſont accuſez, il faut avoir recours à la preuve par témoins : de-là les Enquêtes qui ſe font toujours dans cette matiere.

On examine d'abord ſi les faits qui ſont articulez par la femme qui demande la ſeparation, ſont de qualité à la produire ; & lorſque ſuivant les principes qui ſont en vigueur, & ſuivant la Juriſprudence ces faits peuvent operer la ſeparation, l'on admet la femme à en faire la preuve.

L'admiſſion à la preuve des faits articulez par la femme eſt un éclairciſſement neceſſaire à la Juſtice pour ſon inſtruction : il y auroit toujours du peril à étouffer la voix d'une femme qui ſe plaint ; mais lorſque le mari & la femme ont fait leurs Enquêtes, c'eſt alors qu'on examine la preuve, qu'on la peſe, qu'on combine les deux Enquêtes pour connoître la verité ; c'eſt alors qu'on examine la foi des témoins, le naturel, & le vrai de leurs dépoſitions, parce qu'il s'agit de prononcer ſur la ſeparation. Mais lorſqu'il ne s'agit encore que de permettre la preuve, ce n'eſt qu'une inſtruction, & un éclairciſſement pour la Juſtice qui veut approfondir la verité des faits qui ſont propoſez.

C'eſt encore un principe certain en matiere de ſeparation, que lorſqu'une femme a rendu pluſieurs Plaintes contre ſon mari qui n'ont point été ſuivies de demande en ſeparation, le dernier fait qui ſurvient, & qui donne lieu à la retraite de la femme de la maiſon de ſon mari, & à la demande en ſeparation, fait revivre tous les faits precedens, qui n'avoient été oubliez par la femme que dans l'eſperance que ſon mari la traiteroit avec plus d'humanité. Auſſi ces faits ont-ils été conſignez dans des Plaintes ; mais la femme, par ſa patience & par ſa douceur, a bien voulu ne pas éclater encore. Lorſqu'elle voit que ſon mari ne change point de conduite, on reprend tous les faits dont il avoit été rendu Plainte, & que l'eſperance d'un retour de ſa part avoit porté la femme à oublier. Il ne ſeroit pas juſte que la moderation & la patience

F

d'une femme lui devinssent funestes, & que le mari l'ayant maltraitée de nouveau, la preuve de tous les mauvais traitemens ne fut pas admise. Dans ces sortes de Causes, il n'est jamais indifferent d'approfondir toute la conduite du mari à l'égard de sa femme.

L'application de ces principes est facile.

1°. La Dame Rapally demande sa séparation de corps & d'habitation. Cette demande en séparation est fondée sur les sevices & sur les mauvais traitemens de la part du sieur Rapally : ainsi il faut examiner premierement si les sevices & si les mauvais traitemens qui sont articulez par la Dame Rapally, sont de qualité à operer la séparation. Voilà la premiere question qui est à decider, & qui ne peut plus faire la matiere d'un problême après que le sieur Rapally a fait plaider, *que le fait du 21 Août 1734. s'il étoit veritable, opereroit non-seulement la séparation, mais qu'il meriteroit punition.* Les autres faits compris dans les précedentes plaintes de la Dame Rapally, sont infiniment graves. Combien de femmes ont été séparées sur des faits qui ne l'étoient pas tant ? injures, mépris, outrages, insultes & refus du necessaire, coups, un soufflet lorsque le sieur Rapally voulut extorquer une signature de sa femme, une autre fois des coups dans la garde-robbe de son cabinet lorsqu'il avoit envoyé chercher le Commissaire à l'occasion du sac de 100 liv. Voilà en abregé les mauvais traitemens que la Dame Rapally a exposé dans les six plaintes qui ont précedé celle du 21 Août 1734. tous ces mauvais traitemens sont de qualité à operer la séparation de la Dame Rapally, & leur réunion forme le tableau de la conduite que le sieur Rapally a tenue avec sa femme.

2° Dès que les mauvais traitemens dont la Dame Rapally se plaint, sont de qualité à operer la séparation qu'elle demande, il n'est pas possible de lui refuser de l'admettre à la preuve.

3°. Comme il est de principe que les derniers mauvais traitemens raniment les précedens, dont la femme avoit rendu plainte, la Dame Rapally ne doit pas seulement être admise à la preuve du fait du 21 Août 1734. contenu dans sa derniere plainte ; elle a lieu d'esperer qu'elle sera admise à la preuve des faits contenus dans les six plaintes precedentes, faits qu'elle a tous repris dans la Requête sur laquelle la Cour doit prononcer ; tous ces faits sont graves, ils feront connoître le génie & le caractere du sieur Rapally, & ils forment le tableau des malheurs que la Dame Rapally a éprouvée ; elle a caché ses malheurs tant qu'il lui a été possible, il a fallu que le sieur Rapally se portât à des excès aussi cruels que ceux du 21 Août 1734. pour qu'elle eût recours au remede triste, mais necessaire de la separation.

4°. Il ne s'agit point encore de prononcer la separation, il n'est question aujourd'hui que d'instruire la religion des Magistrats par les preuves que la Dame Rapally offre d'administrer de tous les faits qu'elle a articulez. Si le sieur Rapally n'étoit pas bien persuadé que la Dame Rapally est en état de faire la preuve qu'elle offre, feroit-il tant d'efforts pour empêcher qu'elle ne soit admise à la faire ?

Objections.   Il faut maintenant combattre les objections du sieur Rapally.

1º. Le fieur Rapally prétend qu'on doit écarter les faits des fix premieres plaintes prefentées par la Dame Rapally, pour fe fixer au feul fait du 21 Août 1734. contenu dans la feptiéme plainte, & qui a donné lieu à la demande en féparation.

Le moyen du fieur Rapally, eft que les faits des fix premieres plaintes ont été couverts par la cohabitation, ce qui opere une fin de non-recevoir. Quant à ce qu'on prétend que le dernier fait fait revivre les précedens, le fieur Rapally fait un dilême : ou le dernier fait, dit-il, eft fuffifant pour operer la feparation, ou il eft infuffifant.

Si le dernier fait articulé par la femme eft infuffifant pour parvenir à la feparation par elle demandée, alors ce fait ne peut pas faire revivre le précedent, & fi au contraire le dernier fait eft fuffifant, alors les faits précedens deviennent inutils, & par confequent la preuve en doit être rejettée.

Tout le monde s'eft apperçû lors de la plaidoirie que cet argument du fieur Rapally n'eft qu'un fophifme.

Quoique le dernier fait articulé par fa femme, foit fuffifant pour operer feul fa feparation, il n'eft jamais indifferent de connoître toute la conduite du mari, & de prouver les mauvais traitemens continuels que fa femme a effuyez. Autrement fi l'argument du fieur Rapally avoit lieu, on n'auroit jamais admis les femmes à prouver qu'un feul fait qui feroit le dernier, & c'eft ce qui n'a jamais été jugé dans aucune feparation. On défie de rapporter aucun Arrêt qui ait rejetté la preuve des faits précedens configñez dans des plaintes, & oubliez conditionnellement par la femme qui efperoit qu'un mari vaincu par la patience, & par la douceur feroit un retour fur lui-même, & qu'à l'avenir elle couleroit des jours plus heureux.

2º. Auffi le Sr Rapally qui n'a pas beaucoup compté fur fon fophifme, a-t'il propofé un autre moyen pour faire rejetter les faits des fix premieres plaintes, & ce moyen eft, que ces faits ne font que des *minuties*, qui ne font pas dignes de fixer l'attention de la Cour. A cet égard on a rendu un compte exact des plaintes, & c'eft elles qu'il faut confulter pour juger de l'importance de ces faits. Le fieur Rapally ne parvient à diminuer ces faits que par la fuppreffion des trois quarts. La Cour ne fe détermiña que fur les pieces mêmes, c'eft-à-dire fur les plaintes, & non fur le récit infidele que le fieur Rapally en fait.

3º. Le fieur Rapally entre enfuite dans l'examen du fait fameux du 21 Août 1734. il s'étend autant fur ce fait, qu'il a couru rapidement fur les premiers.

Le fieur Rapally diftingue deux parties dans le fait du 21 Août 1734. fçavoir le fait même, & les fuites du fait; il appelle le fait même les coups qui ont été donnez à la Dame Rapally, & les fuites du fait fes cris, fa chute, fon évanouiffement, fes vomiffemens, des flots de fang caillé & liquide.

Il ne faut pas importuner la Juftice (dit le fieur Rapally) pour prouver que vous avez crié, que vous êtiez tombée, qu'on vous a trouvée fur le plancher, que vous étiez expirante, que vous vous êtes évanouie, qu'on vous a donné un breuvage, & que vous avez eu neuf vomiffemens de fang caillé & liquide; tout cela étoit une comédie préparée de votre part, & ne dites pas que par des faits de cette qualité on doit préfumer le fait principal; tant que vous ne prouverez pas les mauvais traitemens, 300 témoins de toutes les fuites des mauvais traitemens ne feront d'aucun poids.

Le fieur Rapally paffe enfuite à l'examen du fait principal, c'eft-à-dire, des mauvais traitemens, & il foutient que la preuve en eft impoffible, fuivant la plainte même de la Dame Rapally, puifqu'elle n'a crié, dit-il, qu'après que tout le mal a été paffé, d'où il fuit que les domeftiques, & les autres perfonnes qui font accourues à fes cris, ne font venus qu'après que tout étoit paffé.

Ce moyen du fieur Rapally porte à faux dans toutes fes parties.

Premierement, la Dame Rapally fera la preuve des mauvais traitemens, de même que de leurs fuites funeftes, dont le fieur Rapally eft obligé de faire l'aveu : ainfi il ne faut point divifer le fait ; la Dame Rapally en fera la preuve en entier.

Il n'eft point vrai que la Dame Rapally n'ait crié que quand tout étoit fini ; au contraire elle étoit alors dans un état d'accablement qui ne lui laiffoit pas la force de faire entendre fes plaintes. Il n'eft pas vrai que le monde ne foit venu qu'après que tout étoit fait. Le fieur Rapally n'a pas commencé par frapper, il s'eft emporté, il a juré, & il a voulu faire violence à fa femme, & la mettre dehors de fon cabinet; ce cabinet étoit ouvert, tout le tumulte a été entendu, & a attiré du monde ; le fieur Rapally a frappé fa femme à differentes reprifes, elle a fuccombé fous fes coups, il l'a encore battue à terre, & ceux qui étoient accourus au bruit & aux cris de fa femme *l'ont arrachée* (portent la plainte de fa femme) *d'entre les mains de fon mari:* voilà ce que le fieur Rapally a jugé à propos de retrancher de la plainte, & ce qui eft cependant décifif. Il n'eft pas douteux qu'il fe trouvera auffi des perfonnes qui ne font furvenues que depuis les mauvais traitemens, & qui n'en ont vû que les effets funeftes ; mais ces témoignages réunis formeront une preuve complette.

Secondement, eft il bien vrai qu'un mari aura la liberté tête à tête avec fa femme de la réduire dans un état à tout craindre pour fa vie, & que quand on trouvera cette femme infortunée terraffée, expirante, baignée dans fon fang, le mari en fera quitte pour dire, on ne m'a pas vû frapper ma femme, & ainfi mon crime doit être impuni, on ne peut pas me pourfuivre ; on ne croit pas qu'on puiffe raifonnablement adopter une pareille conféquence, qui procureroit l'impunité au crime.

La Juftice fçait bien démêler une fable, une illufion, un rôle joué, d'avec une réalité. Les fuites des mauvais traitemens faits par le fieur Rapally, font de qualité à ne pas laiffer de doute.

Que penfer d'une femme trouvée échevelée, terraffée, évanouie, & expirante ? Les coups que cette femme a reçû ont caufé une révolution fi funefte & fi dangereufe, que la nature s'eft foulevée & qu'elle a été dérangée ; des vaiffeaux interieurs ont été rompus ; tout cela a caufé un vomiffement de fang fi abondant, qu'il a recommencé jufqu'à neuf fois ; eft-ce donc là une une comedie ? On ignore ce que le fieur Rapally entend par le breuvage qu'il a fait plaider que fa femme avoit pris, à moins qu'il n'entende par ce breuvage un verre d'eau qu'on fit prendre à

la

la Dame Rapally pour la faire revenir, après lui avoir fait respirer de l'eau de melice. Voilà les faits que les témoins attesteront.

Le sieur Rapally après avoir soutenu que la Dame Rapally ne peut pas faire preuve du fait du 24 Août 1734. va jusqu'à soutenir que ce fait n'est pas veritable, & il réunit plusieurs circonstances pour tâcher de faire douter de la verité de ce fait.

Les circonstances que le sieur Rapally rassemble sont de deux sortes ; les unes ont précedé, & les autres onr suivi ce fait.

A l'égard des circonstances qui ont precedé, il y en a deux.

1º. Le sieur Rapally prétend que la réconciliation qu'on menageoit entre le sieur & la Dame Dupin mere & beaupere de la Dame Rapally, ainsi qu'il résulte d'une lettre qu'il a raportée, a été cause de la demande en séparation. Il ne faut point chercher d'autres causes de la séparation que les mauvais traitemens du sieur Rapally, toute autre cause est étrangere ; ainsi c'est le sieur Rapally qui a lui-même formé l'orage par sa barbarie & par son inhumanité.

2º. Le sieur Rapally prétend que de quatorze robes qu'avoit la Dame son épouse elle n'en a laissé que quatre dans la maison lors de sa retraite, d'où il conclut qu'elle avoit premedité de former sa demande en separation, & que dans cette vuë elle avoit détourné neuf robes. Excuse frivole de la part du sieur Rapally ! circonstance puerile ! il s'agit de sçavoir si les mauvais traitemens articulés sont véritables. La Dame Rapally demande à les prouver.

Le sieur Rapally n'a sans doute parlé de quatorze robes que pour se donner un air de generosité, & pour faire penser que sa femme étoit dans l'abondance ; la plûpart de ces robes avoient été apportées par la Dame Rapally lors de la réconciliation, à l'exception de quelques robes qui avoient été données depuis la réunion.

La Dame Rapally est sortie de la maison de son mari le 21 Août 1734. avec une simple robe de taffetas qui portoit les marques de la fureur de son mari.

Les robes qui sont restées chez le sieur Rapally, & qui lui ont été demandées depuis la séparation, étoient des robes d'hyver & des robes d'été, & il n'est pas vrai qu'il n'y en eût que quatre, il en a renvoyé six : à l'égard des autres robes, il est vrai que celles d'automne étoient chez l'ouvriere pour les réparer, & qu'il y avoit quelques robes d'indienne pour le matin, qui avoient été données pour blanchir. Voilà les faits dans leur exactitude, tels que les témoins en rendront compte, faits d'ailleurs bien indifferens à une demande en séparation.

Il reste maintenant d'examiner les circonstances qui ont suivi le fait du 21 Août 1734. le sieur Rapally annonce ces circonstances comme étant *d'une autre consequence que les premieres ;* ce sont les propres termes dont on s'est servi en plaidant.

La premiere circonstance que le sieur Rapally fait valoir est le défaut de vraisemblance ; comment concevoir, dit-il, qu'une femme caresse son mari, qu'elle lui demande 50 livres, & que son mari veuille l'égorger ?

Le sieur Rapally precipite un peu l'action ; sa colere s'est allumée par

G

degrés, ainſi qu'on l'a expliqué, & il s'eſt porté aux extrêmités dont la Dame Rapally a rendu plainte.

Il n'eſt jamais vraiſemblable qu'un mari ſe porte à l'excès de maltraiter une femme ; mais il s'agit de ſçavoir ſi le fait eſt véritable. La verité va ſouvent plus loin que la vraiſemblance : la Dame Repally articule les mauvais traitemens dont elle ſe plaint, & elle ſe ſoumet d'en faire la preuve.

La ſeconde circonſtance que propoſe le ſieur Rapally, naît de ce qu'a fait la Dame Rapally après les mauvais traitemens dont elle ſe plaint, & de ce qu'elle auroit dû faire ſi ces mauvais traitemens avoient été véritables.

La Dame Rapally expirante, dit ſon mari, court cependant toute la journée ; elle prend un carroſſe de place, elle parcourt tout Paris ; elle va chez un Chirurgien à la Gréve : elle revient vis-à-vis de la Comedie chez le Commiſſaire le Comte ; elle y dicte une plainte qu'il a fallu une heure pour rediger ; elle ſe fait enſuite conduire chez Me de la Broſſe Avocat : cependant cette femme, ſi on l'en croit avoit été martiriſée ; *un corps maſſif comme le ſieur Rapally avoit foulé aux pieds cette femme tendre & délicate*, ce ſont les propres expreſſions dont on s'eſt ſervi : le ſang avoit coulé toute la journée ; qui ne ſent pas, s'eſt-on écrié, l'impoſture de tout ce qui eſt avancé par la Dame Rapally ? Si elle avoit été maltraitée comme elle le pretend, on auroit dû ſur le champ la mettre dans ſon lit, & appeller à ſon ſecours la Juſtice & la Medecine. La Dame Rapally auroit dicté ſa plainte de ſon lit ; au lieu de cela, la Dame Rapally court legerement pendant cinq heures dans Paris.

La Dame Rapally ne pouvoit pas eſperer de ſoulagement dans une maiſon où on venoit de l'expoſer à perdre la vie, elle n'avoit pas d'autre parti à prendre que de faire un effort pour quitter cette maiſon.

Il n'eſt pas vrai que la Dame Rapally ait couru cinq heures par Paris, & qu'elle ſoit ſortie auſſi tôt après les mauvais traitemens de ſon mari.

La Dame Rapally a été hors d'état pendant plus de deux heures de ſortir du cabinet où elle venoit d'être maltraitée ſi indignement, elle eſt encore reſtée dans ſon appartement pendant un tems conſiderable, & ce n'eſt qu'après s'être un peu remiſe qu'elle a pris le parti de monter dans la voiture qu'on lui avoit été chercher. On convient que la voiture n'étoit pas commode, mais il ſuffiſoit qu'elle mît la Dame Rapally en état de quitter une maiſon auſſi funeſte.

La Dame Rapally ſortie de chez ſon mari à deux heures après-midy, ſe fit conduire chez le ſieur Granier Chirurgien, à qui elle a de tout temps donné ſa confiance ; le ſieur Granier ſera en état de rendre compte de l'état dans lequel il la vit ; il en fut effrayé, & il ne lui diſſimula point tout le danger dans lequel il la trouvoit par la révolution qui s'étoit faite, & par la fracture de vaiſſeaux interieurs dont le vomiſſement de ſang l'inſtruiſoit : il voulut lui faire accepter un lit chez lui, & il lui ordonna la ſaignée du pied.

La Dame Rapally ſe repoſa plus d'une heure chez le ſieur Granier, elle y prit un bouillon, & elle prit enſuite ſur elle d'aller chez le Commiſſaire le Comte ; & chez Me de la Broffe Avocat ; mais elle fe trouva fi mal chez le Commiffaire, qu'elle ne put pas dicter fa plainte ; elle alla chez Me de la Broffe qui demeure dans le voifinage, & là elle fut obligée d'accepter un lit ; elle ne put pas fe faire conduire chez les Sieur & Dame Dupin fes mere & beau-pere, ainfi qu'elle fe l'étoit propofé. La Dame de la Broffe & des perfonnes de confideration qui demeurent dans la même maifon, font en état de rendre compte de tous ces faits.

Enfin, à l'égard de la plainte, on a rendu compte du fait ; la Dame Rapally fut hors d'état de la dicter chez le Commiffaire le Comte ; il lui accorda une date, ainfi qu'il eft d'ufage, & cette plainte ne fut dictée que le lendemain, la Dame Rapally étant dans fon lit ; plufieurs perfonnes qui étoient dans la chambre font témoins de ce fait. Ces circonftances font-elles propres à affoiblir les mauvais traitemens dont la Dame Rapally fe plaint, & à prouver que les faits qu'elle articule font une fable ? C'eft ce que perfonne d'équitable ne penfera.

Envain le fieur Rapally prétend-il que ces faits font faux, parce qu'étant maffif, il n'a pas écrafé une femme tendre & délicate, & qu'elle a furvêcu à tant d'inhumanitez ? Les témoins rendront compte de l'état d'oppreffion dans lequel étoit la femme *lorfqu'ils l'ont arrachée d'entre les mains de fon mari* ; & le ravage interieur que les mauvais traitemens du fieur Rapally ont produit, a été plus dangereux, & eft moins fufpect que des bleffures exterieures.

Le fieur Rapally propofe pour troifiéme circonftance contre le fait du 21 Août 1734. les rapports qui ont été faits par le fieur Lombart Chirurgien le 21 Août 1734, & par les Medecin & Chirurgien du Châtelet le 23 Août 1734 ; il triomphe parce qu'il n'a point paru de contufion fur une poitrine qu'il a foulée aux pieds. L'on a trouvé plufieurs marques provenuës de coups de poing & de pied ; & l'on a vû le vomiffement de fang caufé par les coups portez dans la poitrine.

Enfin, la derniere circonftance que le fieur Rapally releve eft celle du Billet du 30 Août 1734. par lequel la Dame Rapally lui envoye, dit-il, demander fa Baffe-de-Viole, fes Livres de Mufique, & un Roman. On a rendu compte de ce fait, & on a fait connoître toute la mauvaife foi du fieur Rapally.

On ne s'arrêtera point à répondre à l'Arrêt qui a été rendu contre la Dame de Marchainville ; c'eft envain que le fieur Rapally veut en faire l'application à la caufe qui eft à décider. La difcution de l'affaire de la Dame de Marchainville feroit d'une trop grande étendue. On obfervera feulement,

Premierement, que la Dame de Marchainville n'avoit rendu aucune plainte des faits qui avoient precedé celui qui avoit donné lieu à la demande en feparation ; & quels étoient ces faits ? un coup de coude donné pendant la nuit, il y avoit plufieurs années, coup que le mari difoit avoir donné en rêvant, ainfi que la Dame fon époufe en étoit convenue à plufieurs perfonnes. Le fieur de Marchainville foutenoit que les rêves ne fourniffoient pas matiere à feparation.

Un autre fait dont la Dame de Marchainville fe plaignoit, c'étoit un coup dans un temps qu'elle étoit groffe de fix mois ; mais on lui prouvoit par fes lettres qu'il y avoit alors plufieurs mois que fon mari étoit abfent d'auprès d'elle.

Secondement , à l'égard du fait fur lequel la demande en feparation avoit été formée , il ne confiftoit que dans une legere égratignure , & dans un petit faignement de gencive procuré par un curedent. Quel parallelle peut-on faire entre des faits de cette qualité , & ceux dont la Dame Rapally fe plaint ?

Enfin , le fieur Rapally eft tellement perfuadé que fa femme eft en état de prouver tous les faits qu'elle articule , qu'il a fait des Procès à des perfonnes qu'il fçait en état de dépofer , & qu'il a tenté d'en corrompre d'autres par argent & par menaces. C'eft un fait articulé par la Dame Rapally dans fa Requête , & dont elle eft en état de faire la preuve.

Il fera auffi prouvé que le fieur Rapally a voulu fe faire donner un Certificat comme fa femme avoit la poitrine foible , qu'elle étoit fujette à des vomiffemens , & qu'on lui avoit plufieurs fois fourni des remedes contre les maux d'eftomach. Ce Certificat lui a été refufé , le fait étant faux.

On finira en difant de la Dame Rapally , après le Défenfeur du Sieur Rapally dans une Caufe de feparation qui a réüffi , & qui étoit fondée fur des moyens bien inferieurs à ceux qui font propofez: *Que deviendroit cette femme infortunée , fi abandonnée par la Juftice , & livrée à la tyrannie de fon mary , il pouvoit impunément lui faire fentir tout le poids de fon indignation ?*

Me DE LAVERDY , Avocat.

Chez la Veuve d'André Knapen , au bas du Pont S. Michel , au Bon Protecteur , 1735.

www.ingramcontent.com/pod-product-compliance
Lightning Source LLC
Chambersburg PA
CBHW060509200326
41520CB00017B/4962